AF243094

LES

CHARLATANS

POLITIQUES

—❦—

PARIS

RENÉ HATON, LIBRAIRE-ÉDITEUR

33, rue Bonaparte, 33.

—

1879

LES

CHARLATANS

POLITIQUES

PARIS

RENÉ HATON, LIBRAIRE-ÉDITEUR

33, rue Bonaparte, 33

—

1878

LES CHARLATANS POLITIQUES

Dat veniam corvis, vexat censura columbas.
(JUVÉNAL.)

AU NOM DE LA LIBERTÉ, PLUS DE RELIGION !

AU NOM DE L'ÉGALITÉ, A BAS LES CATHOLIQUES !

AU NOM DE LA FRATERNITÉ, GUERRE A MORT AUX CLÉRICAUX !

On n'entend parler que de cléricaux. Qu'est-ce donc au juste ? disent nos naïfs ruraux. — C'est bien simple. Vous vous imaginez que le bon Dieu pourrait bien être pour quelque chose dans la fabrication de notre globe sublunaire ? vous êtes clérical ! Vous pensez que l'enterrement d'un homme et d'un chien ne doit pas offrir complète similitude ? clérical au premier chef ! En somme, les cléricaux sont d'abord tous ceux qui vont à la messe, et, par extension, beaucoup de gens qui y vont peu ou point. J'en connais même de notés comme tels qui, depuis leur première communion, n'y ont, je crois, guère mis les pieds. Vous n'allez pas à la messe, c'est très bien, mais votre femme et vos filles y vont, mais vos amis et les amis de vos amis y vont. C'est toujours la vieille histoire :

> Si ce n'est toi, c'est donc ton frère
> Ou bien quelqu'un des tiens.

Aller à la messe, quelle horreur ! Aujourd'hui on flétrit les gens à moins. Aussi, comme disait M. de Talleyrand, c'est plus qu'un crime, c'est une faute, car, par les temps de liberté où nous vivons, avec une pareille note à son dossier, comment espérer une place, ou même conserver celle que l'on a ? Allez donc aujourd'hui solliciter un poste, fût-ce d'aspirant surnuméraire en province si vous avez seulement un oncle marguillier. Un oncle marguillier ! quelle indignité ! Où va-t-on pêcher semblable parenté ? Et avec cela avoir l'audace de solliciter une place ! Les cheveux en dresseraient sur le crâne des quatre-vingt-six préfets de la R. F. ! Mais avez-vous un oncle, retour de Nouméa ? A la bonne heure ! voilà des titres et une sérieuse apostille. Jadis, aux siècles d'Auguste, de Léon X et de Louis XIV, on bâtissait de splendides monuments, aujourd'hui on les brûle. Ce que c'est que le Progrès !

En entrant en fonctions, que disaient ces jours passés les nouveaux chefs à leurs subordonnés ? *De la prudence, messieurs, de la prudence !* C'est la traduction en bon français du fameux aphorisme républicain : il faut se soumettre ou se démettre. Pauvres employés et fonctionnaires, courbez la tête et soumettez-vous ! Le pain de vos enfants est à ce prix. Dissimulez vos opinions et vos pensées, rompez avec ceux de vos amis qui sont suspects de religion ou de réaction, et surtout pas de messe ! ce serait jouer gros jeu. Car l'inquisition veille et la délation républicaine surveille. Ce n'est pas encore la terreur, mais c'est déjà la peur.

Naguère, quand ils étaient dans l'opposition, l'indépendance était la première vertu des fonctionnaires, aujourd'hui l'obéissance passive est leur premier devoir. Probité, intelligence, services rendus : fadaises que tout cela ! Arrière le travail et la capacité ! vous n'êtes pas républicains ! Un bon cri de : Vive la République ! placé à propos, ou une strophe de sang impur braillé en bon lieu, voilà les titres sérieux. Aussi, en avant les bohêmes du quartier latin et les étudiants de 15ᵉ année qui, en fait de droit, ne connaissent que ceux de l'homme, voilà les héros du jour. *Sic itur ad astra !*

Quand ils étaient dans l'opposition, ce n'étaient que tirades philosophiques sur la liberté de conscience avec force homélies contre la révocation de l'édit de Nantes, et leurs hypocrites boniments allaient jusqu'à faire accroire aux badauds qu'on les voulait contraindre à aller à confesse. Et, cependant, que demandaient les pauvrets? La liberté de la pensée et le droit de vivre en paix. Las'! que sont devenus tous ces bons républicains gémissants, qui, sous nos rois, criaient si fort au despotisme de ces tyrans bénins, qui s'appelaient Charles X et Louis-Philippe, et tous, couverts de peaux d'agneaux, bêlaient en chœur : Vive la liberté de conscience! et autres *? Comedianti.*

Mais aujourd'hui qu'ils sont nos maîtres, jetant aux orties leurs peaux de mouton, et changeant de gamme, ils écrasent du talon tous ces droits qu'ils déclaraient sacro-saints, toutes ces libertés qu'ils proclamaient nécessaires, et hurlent tous de compagnie: A bas la liberté de conscience! et sus aux catholiques qu'ils accusent de troubler leur breuvage. *Tragedianti.*

Leur fallacieux mot de ralliement est toujours: Vive la liberté! mais leur mot d'ordre est: Brisons toute résistance et écrasons la religion! Car ils veulent la liberté, mais pour eux seulement. « Lorsqu'on ne veut obéir à personne, dit le vieil adage, c'est qu'on veut commander à tout le monde. » Aussi ne se croient-ils jamais libres tant qu'ils ne sont pas nos maîtres, et, arrivés au pouvoir, trouvent-ils toujours insuffisantes les lois que naguère, dans l'opposition, ils déclaraient excessives et tyranniques.

« Et c'est ce parti toùjours en bataillon carré contre la société, » disait Napoléon, et depuis un siècle, toujours ou conspirant, ou en révolte ouverte contre tous les gouvernements qui se sont succédé en France, qui, arrivé au pouvoir, ne tolère pas d'opposition, et, dans ses colères, brise tout ce qui ne plie pas devant lui. Disons avec Cicéron : *Quis tulerit Gracchos de seditione quœrentes.*

C'est que, pour eux, la liberté n'est qu'une arme de combat, un engin de guerre. De même que pour Tartuffe, le ciel est le moyen et non le but. Mais aujourd'hui, Tartuffe ne va plus à la messe, le jeu n'en vaut pas la chandelle. Tartuffe s'est fait démocrate, il est franc-maçon, et, briguant les suffrages populaires, contre un bonnet rouge a troqué sa haire et sa discipline.

Ils parlent de liberté! Qui donc a créé ces collèges et écoles laïques, au profit desquels ils veulent briser toute concurrence en confisquant les écoles congréganistes? Ce sont ces souverains qu'ils proclament des tyrans, qui, dans leur équité, voulurent que chacun pût à son gré choisir l'école laïque ou congréganiste, et qui veut aujourd'hui enlever aux pères de famille le droit d'élever leurs enfants à leur guise, en expulsant les congréganistes et nous contraignant ainsi par la force à envoyer nos enfants à leurs écoles laïques et obligatoires? Ce sont ces démocrates qui ont toujours le mot de liberté à la bouche, qui veulent arriver à républicaniser, et matérialiser le pays, de gré ou de force ; et, à l'instar du renard sans queue de la fable, ne croyant ni à Dieu ni à diable, prétendent créer une nation à leur image.

Pauvre peuple abusé! où trouvez-vous secours et protection dans les misères et les malheurs de la vie? où vos pauvres vont–ils chercher l'aumône? Est–ce à la porte des clubs ou des églises? chez vos tribuns ou chez nos curés? Qui veille et prie au lit de vos malades et de vos pauvres morts? Les Sœurs. Qui soigne vos vieillards infirmes? Les Sœurs. Qui élève vos enfants? qui enseigne à vos filles un honnête travail, et, préservant leur jeunesse des entraînements du vice, prépare pour l'avenir d'honnêtes mères de famille à vos enfants? Toujours les Sœurs. Que vous demandent-elles en échange de leur dévouement? Rien, leur salaire n'est pas de ce monde.

Et les charlatans démocratiques vous les signalent comme vos ennemies, veulent partout les expulser et vous leurrent du fallacieux espoir que l'appât des salaires remplacera chez les laïques le dévouement des bonnes Sœurs. Ah! le bon billet qu'a la Châtre! Viennent les maladies contagieuses! vous verrez les laïques en déroute, décamper à sauve qui peut, en criant: « On dit que ça se gagne! » et les pauvres malades transportés, au risque de leur vie, là où il y aura encore des Sœurs pour les soigner. Reste à savoir si ces petites promenades laïques et obligatoires amèneront beaucoup de guérisons, et on reconnaîtra alors la vérité de cette grande parole de M. de Maistre: *On peut associer des dévouements, mais non des égoïsmes.*

Ils veulent tout détruire, depuis les Sœurs de charité et les modestes Frères des Écoles chrétiennes, qui instruisent les enfants du peuple, jusqu'aux savants Jésuites, si calomniés de nos jours, qui passent leur vie obscure et austère à former la pépinière d'où sort l'élite des officiers de notre armée, et qui n'ont parfois pour récompense de leurs pénibles labeurs que la palme du martyre. Mais chut! nos maîtres ne veulent pas qu'on parle du massacre des Jésuites et des Dominicains, ni de l'incendie de Paris qui ont fait dire au monde épouvanté:

*c'est la première étape du retour à la bar-
barie !* C'est ainsi qu'aujourd'hui, par un ren-
versement de toutes les lois divines et humaines,
les bons tremblent et les méchants se rassurent ;
car ils absolvent les malfaiteurs et persécutent
les victimes. C'est d'eux que Juvénal a dit :
Dat veniam corvis, vexat censura columbas.

Les 848 Pères Jésuites qui se livrent à
l'instruction en France font–ils donc trembler
la République sur ses bases ? Ce petit bataillon
sacré leur inspire–t–il si grande frayeur ?
Non.

Ce n'est pas d'eux qu'ils ont peur, mais bien
de leurs terribles alliés, car les Frères et amis
sont devenus les Frères ennemis. Comme le
belluaire antique, ils ont lâché les fauves et ils
tremblent devant eux. Ils savent que leur
armée est passée à l'ennemi, ainsi que le leur
signifiait naguère si dédaigneusement une
feuille ultra-radicale en les traitant de renards
sans queue. Pour eux aussi la planche est bien
savonnée, ils se sentent glisser et ils voient ce
pouvoir si convoité s'échapper de leurs mains
débiles et impuissantes ; espérant retarder leur
chute, ils font la cour à la populace et à ses
nouvelles idoles. Il le faut bien ! le pouvoir est à
ce prix. Ils cherchent donc à donner une issue
aux rancunes inassouvies de ce parti toujours
altéré de haine ; ils essayent de faire la paix en

jetant une proie aux fauves qui grondent derrière eux, espérant ainsi retremper leur popularité usée. Car une fois entrés dans le laminoir démagogique, la fatalité les pousse,. marche, marche ! Il faut être brisé... ou aller jusqu'au bout !

Et pour s'encourager dans cette persécution inique et impie, pour mieux tromper les masses abusées, leur effronterie ose accuser les prêtres, Frères et congréganistes de manquer de patriotisme !

Qu'ils aillent donc visiter ce long nécrologe de la rue des Postes ! Ils verront la différence qui sépare leur patriotisme biseauté de celui de ces braves élèves des Jésuites, qui parlent moins, mais savent mourir pour défendre leur pays. Royalistes et bonapartistes ont fourni leur sanglant contingent. Qu'ils montrent le leur ! Nous compterons nos morts.... comptez les vôtres !

Pendant que les Frères des Écoles chrétiennes, s'enrôlant brancardiers au siège de Paris, allaient ramasser nos blessés sous le feu des Prussiens, où donc étaient ces fameux patriotes ?

Vos curés, disait un officier bavarois, *nous les trouvons partout, nous espionnant dans les bois, du haut de leurs clochers, et nous les retrouvons encore, le fusil à la main, défendant l'entrée de leurs villages. J'en ai fait fusiller.*

Le clergé est la classe où nous avons rencontré le plus d'énergie, disait le prince Frédéric-Charles au retour de la campagne, et, sans aller bien loin, j'en citerais qui sont en disgrâce pour avoir occis des Prussiens en dépit du précepte : *Ecclesia abhorret sanguine.*

Et, pendant ce temps, que faisaient donc ces fameux patriotes ??? Enrôlant vite et vite leurs fils dans les bureaux, crainte de malheur, et se tirant de la bagarre, la plupart s'envolaient à tire-d'aile. S'ils n'ont pas sauvé la patrie, les madrés personnages ont sauvé leurs personnes ; aussi, grâce à ce patriotisme fuyard, sorti intact du désastre, le parti radical avait le droit de retourner le mot de François I⁽ᵉʳ⁾ après la bataille de Pavie.

Mais, ignorant et crédule, le peuple croit toujours plus aux paroles qu'aux actes, et sitôt qu'un charlatan a écrit sur son chapeau *Vive le peuple et la liberté!* la foule accourt, le suit à la piste, en fait un héros et voilà les idoles populaires ! Car, ainsi que le dit Voltaire, on est toujours plus sûr de réussir en flattant les passions du peuple qu'en parlant à sa raison.

Les courtisans et les flatteurs ont toujours été la perte des rois, et, depuis que le peuple est passé souverain, il n'échappe pas à la loi commune. Quand le roi distribuait les places et siégeait aux Tuileries, les courtisans n'en bougeaient, le flattant à qui mieux mieux. Mais le roi est déménagé — où donc est-il ? — à Belleville, et les flatteurs d'y courir ; car ce sont aujourd'hui les suffrages populaires qui distribuent les gros emplois de la République. Pauvre peuple ! méfie-toi de tes courtisans, ils te perdront comme ils ont perdu tes devanciers. C'est l'éternelle histoire du renard et du corbeau. :

> Souviens-toi que tout flatteur
> Vit aux dépens de celui qui l'écoute.

Et tandis que les prêtres, les Frères et les Sœurs, rivalisant de dévouement, passent leur vie tout entière au service des classes pauvres, que font pour elles ces fameux démocrates à la langue dorée qui se disent les amis du peuple à l'exclusion de tous autres ? Ils ne le servent en rien, mais ils savent admirablement se servir de lui ; car, pas plus que la liberté, le peuple n'est leur but : il n'est que leur instrument, leur arme de guerre pour s'emparer du pouvoir comme pour s'y maintenir. C'est toujours la vieille histoire, le peuple joue toujours dans nos révolutions le rôle de Raton tirant du feu les marrons que croquent les charlatans démocratiques qui jouent le rôle de Bertrand.

Pauvres ouvriers naïfs ! ils vous font massacrer aux émeutes, vaincus on vous envoie aux antipodes, mais les Bertrand se tirent toujours à temps de la bagarre. Vainqueurs, ils s'emparent du pouvoir souverain. Et le peuple est gros Jean comme devant ? Non, il est plus misérable que jamais, car l'ignorance et l'incapacité de ces charlatans a bientôt désorganisé toutes les administrations, sous prétexte de réformes, et paralysé les affaires par leurs querelles incessantes, se précipitant fiévreux et affamés à la curée des places, criant tous : Et ma part ? Peu à peu l'inquiétude se glisse partout, les affaires se resserrent, la confiance disparaît, et l'argent avec elle ; l'étranger s'enfuit, les ateliers se ferment, les usines entrent en chômage ; plus de travaux, partant plus de salaires : c'est la marée montante de la misère. L'ouvrier est sans pain. *Mais les Bertrand sont au pouvoir !*

Puis, tous, grimpés sur les tréteaux populaires, pour attirer les badauds à leurs boutiques, en échange de nos votes qui les font sénateurs et députés, les charlatans nous inondent de harangues soi-disant *pro republica*, qui ne sont au fond que plaidoyers *pro domo sua,* nous promettant monts et merveilles, liberté, prospérité et le reste ; et, arrivés au pouvoir, bravant la loi qui châtie la fraude sur la qualité de la marchandise livrée, ils n'apportent que la misère et la tyrannie.

Ils ont vraiment bien le temps de songer aux besoins du peuple et aux affaires du pays ! Ne faut-il pas qu'ils s'occupent de se caser, eux, leurs familles et leurs coteries, dans de bonnes places doublées de bons honoraires ?

Et cependant cette tribune française, jadis si glorieusement occupée par l'aristocratie de l'intelligence, est envahie par toutes les médiocrités envieuses et les nullités tapageuses, qui viennent y rééditer les lieux communs et les vieux clichés qui traînent depuis cinquante ans dans la presse ; et, en fait de liberté, nos maîtres nous accordent celle des cabarets où l'ouvrier va s'abrutir et dépenser en orgies le pain de ses enfants, et ils réclament celle des lupanars où vont se perdre les filles du peuple.

En résumé, que demandons-nous ? La liberté de vivre et notre place au soleil. Si on nous les refuse, *nous attendrons,* la tyrannie n'a jamais pu s'acclimater en France. Le despotisme de l'incapacité comme le règne des charlatans sont toujours éphémères, et la persécution ne peut durer. Car déjà bien des gens commencent à dire avec l'encyclopédiste Duclos : *Ils en font tant qu'ils me feront aller à la messe.*

Paris. — Imp. Soussens et Cie, 31, rue de Lille.